AF542043

LES DEVOIRS DU CHRÉTIEN, OU LES GRACES

QVE LE CHRESTIEN doit rendre & demander à Dieu.

En Vers François.

DEDIEZ A SON ALTESSE Madame la Ducheſſe de Verneüil.

Par M. GILLES DE CHAMPAGNE, *Prêtre.*

BIBLIOTHECÆ REGIÆ

A PARIS,
Chez JEAN GUIGNARD, dans la Grand'Salle du Palais, à l'Image S. Jean.

M. DC. LXX.

Avec Privilege du Roy, & Approbation des Docteurs.

A
SON ALTESSE
MADAME
LA DVCHESSE
DE VERNEÜIL.

ADAME,

Si pour estre außi vertueuse qu'est VOSTRE ALTESSE, avec tous les avantages qu'elle possede ; il ne luy faut pas une charité commune. Aussi pour luy rendre l'honneur qu'Elle merite, ne devons-nous pas avoir un respect ordinaire. I'en ay, MADAME, que je ne sçaurais exprimer : Pour vous en donner des marques, je ne vous parle point de tout ce qu'il y a d'illustre dans vostre Extraction, de glorieux dans vos Alliances, & d'admirable dans vous-même. Les loüanges qui réjoüissent tant les ames ambitieuses ne peuvent que peiner un cœur comme le vôtre, qui charmé seulement des beautez du Ciel, méprise tous les honneurs de la terre. Mais, MADAME, j'offre à VOSTRE ALTESSE les Graces que le Chrestien doit rendre & demander à Dieu. Puisque sans cet adorable & premier Principe de toutes choses, toutes les creatures n'ont & ne peuvent jamais avoir aucun bien, il n'y a personne au monde, si puissante & si juste qu'elle soit, qui ne doive le benir sans cesse, & le prier sans relâche. Ce n'est pas vous, MADAME, qu'il faut entretenir de ces veritez : vous sçavez si parfaitement unir en vous la Devotion avec la Grandeur, l'Esprit & la Beauté, que comme dans la Religion il n'y a rien à sçavoir dont vous n'ayez une pleine connaissance ; aussi n'y a-t-il rien à faire que vous ne mettiez fidelement en pratique. Bien, MADAME, que la pieté que vous avez, & qui vous separe si souvent du grand monde pour vous faire avoir un commerce plus libre avec Dieu, ne puisse estre augmentée par le Livre que je presente à VO-

TRE ALTESSE, ne laissez pourtant pas, s'il vous plaist de l'agréer; afin que le Public invité de le lire par l'acceptation que vous en aurez faite, puisse s'aquitter des Devoirs du Chrestien; & qu'aprés tout il sçache que l'on ne peut estre jamais avec plus de veneration que je suis,

MADAME,

DE VOSTRE ALTESSE,

Le tres-humble & tres-obeïssant Serviteur,
GILLES DE CHAMPAGNE,
Prestre.

AVERTISSEMENT.

COMME nous n'avons point de bien qui ne vienne de Dieu, & que sans luy nous ne pouvons jamais nous sauver de tous les maux qui nous pressent, & qui nous menacent; nous ne sçaurions manquer à luy rendre & luy demander incessamment des graces, sans mettre au hazard toute nostre felicité.

Il est vray que le sacrifice du Corps & du Sang de IESVS-CHRIST, est ce qu'il y a dans nostre Religion de plus digne & de meilleur pour remercier Dieu de ses dons, & le porter à nous en faire de nouveaux. Mais aussi faut-il avoüer qu'aprés cette offrande, dont il tire tant de gloire, & nous tant de faveurs, nous n'avons rien de plus propre pour reconnaistre ses bontez que les loüanges, ny rien de plus puiſſant pour attirer ſes miſericordes que les prieres.

C'eſt ce qui m'a fait donner au public quelques Paraphraſes, que j'ay faites en Vers, ſur les principales choſes que l'Egliſe preſcrit à ſes Enfans, pour benir Dieu dans leurs proſperitez, & le reclamer dans leurs beſoins.

Les paroles ſur leſquelles j'ay travaillé, n'eſtant que de courtes expreſſions des Grandeurs de Dieu, & des miſeres de l'homme, j'ay crû qu'on ne pouvoit les étendre ſans faire quelque choſe d'utile.

Ie ne vous diray rien de mon Ouvrage ; vous l'avez entre les mains, vous en pouvez examiner les penſées, les paroles, & la façon : jugez vous-meſme de tout.

Si vous y rencontrez quelque choſe de bon, beniſſez-en celuy qui, ſelon l'Apoſtre, merite tout ſeul de l'honneur. Si vous n'y trouvez rien de conſiderable, ſouvenez-vous que

Dieu, tout grand qu'il eſt, veut eſtre loüé des Enfans auſſi-bien que des Anges : Et que comme il prend quelquefois les choſes du monde les plus baſſes pour operer ſes miracles, & faire paraiſtre ſa puiſſance, il pourra, peut-eſtre, ſe ſervir de mes foibles efforts pour donner quelque éclat à ſon Nom, & produire le ſalut des Fideles. Ce ſont tous les fruits que je deſire de mon travail.

APPROBATION des Docteurs.

NOus soussignez Docteurs en Theologie de la faculté de Paris, certifions avoir leu avec beaucoup de satisfaction un Livre qui porte pour titre *Les Devoirs du Chrestien, ou les graces que le Chrêtien doit rendre & demander à Dieu* : Composé par M. GILLES DE CHAMPAGNE Prêtre; dans lequel nous n'avons rien trouvé qui fût ou contre la Foy, ou contre les mœurs ; au contraire, de saintes & de pieuses Affections pour nous élever à Dieu. C'est le témoignage que nous en avons rendu. A Paris le 12. jour de Septembre 1669.

HVMBELOT.

LE GAINGNEVLX.

Approbation de Monsieur Grandin.

I'Ay leu un Livre intitulé *Les Devoirs du Chrêtien, ou les graces que le Chrêtien doit rendre & demander à Dieu*, en Vers François : Par M. GILLES DE CHAMPAGNE Prestre. Fait le 15. jour d'Octobre 1669.

M. GRANDIN.

PRIVILEGE DU ROY.

LOUIS par la grace de Dieu, Roy de France & de Navarre: A nos Amez & Feaux Conseillers, les Gens tenans nos Cours de Parlement, Maistres des Requestes de nostre Hostel, Baillifs, Seneschaux, & à tous autres nos Justiciers & Officiers qu'il appartiendra, Salut. Nostre bien Amé GILLES DE CHAMPAGNE Prestre, Nous auroit humblement fait remontrer qu'il a un Livre intitulé *Les Devoirs du Chrêtien, ou les graces que le Chrêtien doit rendre & demander à Dieu*, en Vers François; lequel Livre il desireroit faire imprimer, vendre & distribuer au public, s'il avoit sur ce nos Lettres; lesquelles il Nous a humblement supplié de luy accorder. A CES CAUSES, Nous avons permis & permettons audit Exposant faire imprimer, vendre & distribuer en tous les lieux de nostre obeïssance ledit Livre, en un ou plusieurs Volumes, en tel marge & caractere que bon luy semblera, durant le temps & espace de cinq ans finis & accomplis, du jour que ledit Livre sera achevé d'imprimer pour la premiere fois. Et faisons tres-expresses defenses à toutes personnes de quelque qualité qu'elles soient, d'imprimer ou faire imprimer ledit Livre, sans le consentement de l'Exposant, ou de ceux qui auront droit de luy, à peine contre les contrevenans de trois mil livres d'amande, confiscation des Exemplaires contrefaits, & de tous despens, dommages & interests: à condition qu'il sera mis deux Exemplaires dudit livre en nostre Biblioteque publique, un en la Biblioteque du Chasteau du Louvre, & un en celle de nostre tres-cher & feal Chevalier le Sieur Seguier Chancelier de France, & de mettre és mains de nostre amé & feal Conseiller & grand Audiancier les recepissez de nos Bibliotequaires, avant que d'exposer ledit Livre en vente, & que les presentes seront registrées sur le livre de la Communauté des Libraires de nôtre bonne Ville de Paris. Vous mandons que du contenu des presentes vous fassiez joüyr pleinement & paisiblement l'Exposant, ou ceux qui auront droit de luy; sans souffrir qu'il leur soit donné aucun trouble ny empéchement. Voulons qu'en mettant au commencement ou à la fin dudit Livre un Extrait des presentes, elles soient tenuës pour deuëment signifiées, & que foy y soit adjoustée comme à l'Original. Mandons au premier nostre Huissier ou Sergent sur ce requis, qu'il fasse pour l'execution des presentes tous exploits & actes necessaires, sans demander autre permission. CAR TEL EST NOSTRE PLAISIR. Donné à Saint Germain en Laye le 5. jour de Janvier, l'an de Grace 1670. Et de nostre Regne le vingt-septiéme. Par le Roy en son Conseil, LEGER.

Ledit Gilles de Champagne Prestre, a cedé & transporté le droit qu'il pretend audit Privilege à Jean Guignard, fils, Marchand Libraire à Paris; suivant l'accord fait entr'eux.

Achevé d'imprimer pour la premiere fois, ce 11. Avril 1670.

Registré sur le Livre de la Communauté des Marchands Libraires & Imprimeurs de cette Ville, suivant & conformément à l'Arrest de la Cour de Parlement du 8. Avril 1653. aux charges & conditions portées par le present Privilege.

Signé A. SOUBRON, Sindic.

LES DEVOIRS DU CHRESTIEN, OU LES GRACES QVE LE Chrestien doit rendre & demander à Dieu.

LOVANGES POVR RENDRE GRACES A DIEV.

Dieu est invoqué pour le bien loüer.

Domine labia mea aperies. Et os meum annuntiabit laudem tuam.

MONARQUE Tout-puissant des Hommes & des Anges ;
Seigneur je voudrais bien entonner tes loüanges,
Et faire briller dans mes Vers
Tes attributs divers :
Mais, grand Dieu, je ne puis, quelqu'effort que je fasse,
Accomplir dignement un si juste dessein,

A moins qu'un rayon de ta face
N'éclaire mon esprit, & n'échauffe mon sein.

Deus in adjutorium meum intende : Domine ad adjuvandum me festina.

Toy donc qui formes les Oracles
Qui sçavent comm'il faut expliquer tes grandeurs,
Pour me bien preparer à dire tes miracles,
Vien soudain me remplir de clartez & d'ardeurs.

PARAPHRASE

SUR LE PSEAUME VIII.

Domine Dominus noster.

Ce Pseaume est un des plus beaux Panegyriques de Dieu, puis qu'en ayant expliqué la Majesté il fait connaistre qu'il est le Createur des Cieux & de l'Homme, qui sont les plus grands miracles que nous puissions admirer icy bas.

Domine Dominus noster, quàm admirabile est nomen tuum in universa terra!

TOy qui pour tout créer n'employas que ta voix,
Qui tiens tout l'Univers sous tes divines loix,
Et qui dans ta grandeur ne vois point ton semblable:
Toy qui merites seul nos adorations ;
Maistre de nos destins, Seigneur inconcevable,
Que ton nom par tout est loüable,
Et digne d'admirations!

Quoniam elevata est magnificentia tua super cælos.

Quel bien en toy, grand Dieu, ne renfermes-tu pas?
Ton Essence eternelle a mill' & mill' appas :
Ta pompe ne se peut ny mesurer ny croire :
Ta beauté souveraine éblouït tous les yeux :
Ta main qui peut tout faire a par tout la victoire,
Et le digne excés de ta gloire
Surpasse le comble des Cieux.

Ex ore infantium & lactentium perfecisti laudem,

Pendant qu'environné d'un supréme appareil,
Et que dans un bon-heur qui n'a point de pareil,
Tu reçois dans le Ciel les hommages des Anges,
Icy bas tout sans cesse honore tes splendeurs :
Tout d'une voix secrete annonce tes loüanges,
Et jusqu'aux enfans dans les langes,
Tout fait éclatter tes Grandeurs.

propter inimicos, ut destruas inimicum & ultorem.

Comme tu fais toy seul tous ces objets divers
Qui forment la beauté de ce grand Univers,
Et nous font de ton estre avoir la connaissance ;
Tu n'as point d'ennemy, fust-ce mesme un demon,
Qui voyant les effets de ta Toute-puissance
N'adore ta divine Essence,
Et ne benisse ton saint Nom.

Quoniam videbo cælos tuos opera digitorum tuorum lunam & ſtellas quæ tu fundaſti.

C'eſt toy ſeul qui des Cieux courbe le vaſte corps,
Et qui le fais mouvoir par de juſtes reſſorts,
Que toy ſeul peux trouver,& toy ſeul peux conduire:
C'eſt toy ſeul qui répans ſur ce pompeux lambris
Ces couleurs que le Temps ne peut jamais détruire;
Et c'eſt toy ſeul qui fais reluire
Tous les feux de ce grand Pourpris.

Quid eſt homo quod memor es ejus:

Mais quel eſt l'homme, ô Dieu! quelle eſt ſa dignité,
Pour t'en entretenir dans ta felicité,
Et luy diſtribuer l'honneur de tes viſites?
Qu'a-t'il dans le neant qui te gagne le cœur?
A-t'il quelques vertus, ſoit grandes, ſoit petites,
A-t'il enfin quelques merites
Qui ſoient dignes de ta faveur?

aut filius hominis quoniam viſitas eum?

Cependant, ô Seigneur, comme s'il t'eſtoit cher,
Juſques dans ce neant tu t'en vas le chercher,
Pour le faire ſortir de ce profond abyſme:
Et pour mieux faire voir que cet homme te plaiſt
Tu le fais vn crayon de ton Eſtre ſublime;
Tu l'honôres de ton eſtime,
Et luy fais du monde un Palais.

Minuisti eum paulo minus ab Angelis.

Tu le mets au dessous des Celestes Esprits,
Qui sont de tes beautez incessamment épris,
Et dont l'estre immortel est exempt de mélange,
Mais si l'homme, Seigneur, n'est pas autant heureux,
Ce n'est pasde beaucoup qu'il est moindre que l'Ange,
Et seulement un peu de fange
Met de la difference entr'eux.

gloria & honore coronasti eum, & constituisti eum super opera manuum tuarum.

L'hõme, il est vray, Seigneur, n'est pas un Esprit pur,
Mais aussi qu'as-tu fait sous les voutes d'azur,
Qui le puisse égaler en ses nobles partages ?
Tu daignes luy donner des honneurs si puissans
Qu'il éclatte au dessus de tes autres ouvrages
Qui n'ont point d'autres avantages
Que l'estre, la vie & le sens.

Omnia subjecisti sub pedibus ejus, oves & boves universas, insuper & pecora campi.

De quelle autorité veux-tu qu'il soit orné,
Tu ne luy donnes pas un empire borné:
Tu mets entre ses mains le grand Sceptre du monde:
Tu veux que la Nature obeïsse à sa voix,
Que tous les animaux, dont l'Univers abonde,
Qu'enfin la terre, l'air & l'onde
Soient assujettis à ses loix.

Domine Dominus noster, quàm admirabile est nomen tuum in universa terra!

Toy qui pour tout former n'employas que ta voix,
Qui tiens tout l'Univers sous tes divines loix,
Et qui dans ta grandeur ne vois point ton semblable:
Toy qui merites seul nos adorations,
Source de tous nos biens, Seigneur inconcevable,
Que ton nom par tout est loüable.
Et digne d'admirations!

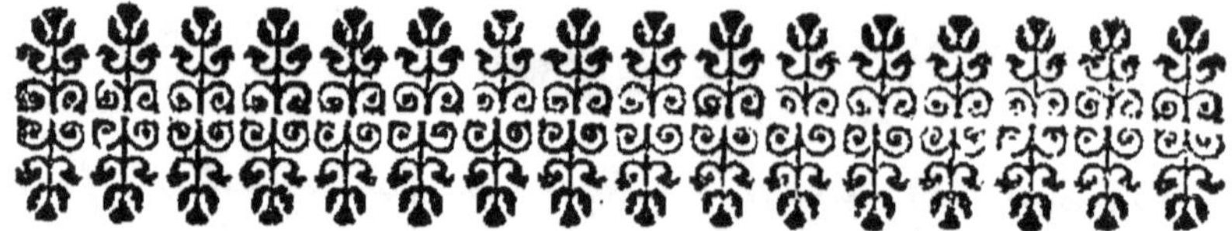

PARAPHRASE
SUR L'HYMNE DE SAINT AMBROISE, ET DE SAINT AUGUSTIN.

Cet Hymne eſt le plus excellent que nous ayons pour loüer Dieu : C'eſt ce que l'Egliſe chante lors qu'elle veut luy rendre des graces ; & c'eſt ce que nous devons particulierement repeter pendant que nous ſommes ſur la terre, ſi nous aſpirons à la felicité de ceux qui ſont dans le Ciel. La raiſon, c'eſt que par là nous nous rendons dignes de vivre dans la gloire, nous apprenons à loüer Dieu comme les Anges, & nous nous exerçons à faire l'Office des Bien-heureux.

Te Deum laudamus.

Estre qui tiens de toy ton eſtre ;
Eſtre qui remplis tous les lieux ;
Eſtre qui regnes dans les Cieux ;
Eſtre qui vis de te connaiſtre ;
Eſtre qui dans ton propre ſein
Trouves ton bonheur ſouverain,
Et demeures ſans ceſſe à toy-meſme ſemblable :
Eſtre qui fus toûjours, & ne peux point finir ;
Eſtre immateriel, tout-puiſſant, ineffable:
Grand Dieu nous conſacrons nos voix à te benir.

Te Dominum confitemur.

Tout doit adorer ta puiſſance,
Tout doit coreſpondre à ta voix,
Tout doit ſuivre tes ſaintes Loix,
Tout doit te rendre obeïſſance :
D'vn mot tu formas tout de rien,
Ta main du monde eſt le ſoutien:
Ton ſouffle peut détruire & l'un & l'autre Pole;
Tu gouvernes le Ciel , la terre & les enfers,
Et tu mets quand tu veux , à moins d'une parole,
Les Bergers ſur le Trône , & les Rois dans les fers.

Te æternum Patrem omnis terra veneratur.

Mais , Seigneur , que chacun revere,
Tous tes miracles du dehors
Ne ſont rien au prix des efforts
Qu'en toy tu fais pour eſtre Pere :
En te contemplant ſeulement
Tu produis eternellement
Un Fils qui n'eſt jamais ſeparé de toy-même:
Tu t'imites toûjours dans ta fecondité,
Et tu ſçais tout donner ta ſubſtance ſuprême,
Sans rien perdre pourtant de ta Divinité.

Tibi omnes Angeli, tibi cœli & universæ potestates, Tibi Cherubim & Seraphim, incessabili voce proclamant: Sanctus, Sanctus, Sanctus Dominus Deus Sabaoth.

Les Celestes Intelligences
Qui vivent sans avoir de corps,
Et qui puisent dans tes tresors
Toutes leurs hautes connaissances:
Ces Dieux qui font tes volontez,
Et qui tiennent de tes bontez
Le soin de nous defendre & garder nos murailles;
Les Anges qui sans cesse aux pieds de ta Grandeur
Entonnent Saint, Saint, Saint est le Dieu des batailles,
Ne sont pour t'honorer que lumiere & qu'ardeur.

Pleni sunt cœli

Ces épouventables machines
Dont tu fais joüer les ressors;
Les Cieux dans leurs justes accors
Celebrent tes forces divines:
Les Estoilles dont sans erreur
Tu sçais le nombre & la grandeur,
Comme des langues d'or font ton Panegyrique;
Et l'œil qui nous éclaire & qui nous fait tout voir,
Le Soleil dont tu rends le corps si magnifique,
Va par tout chaque jour publier ton pouvoir.

& terra Majestatis gloriæ tuæ.

Ce point de si vaste étenduë,
La terre en son humilité
Exalte ta Divinité,
Qui la tient en l'air suspenduë;
Ell'est un Autel sans égal
Où la mort de chaqu'animal
Est un pur sacrifice à ta Toute-puissance
De tous ses biens divers les charmes innocens,
Nous marquent les attraits de ta divine Essence,
Et le parfum des fleurs est pour toy de l'encens.

Te gloriosus Apostolorum chorus.

Ces Gens qui n'avoient que des barques,
Quand ton Verbe sous nostre chair
A daigné les venir chercher
Pour donner tes Loix aux Monarques:
Ces Organes de ton Esprit,
De qui toute la terre apprit
Que ton Fils expira pour le salut du monde,
Les Apostres qui sont les Juges des humains,
Benissent les excés de ta bonté profonde
Qui les met au dessus de tous les Souverains.

Te Prophetarum laudabilis numerus.

Et ceux qui predirent les choſes
Qui devoient ſurprendre les ſens,
Et que dans ton ſein de tout temps
Ta Sageſſe tenoit encloſes :
Ces Eſprits qui ſe firent jour
Dans les ſecrets de ton amour,
Et de tes jugemens percerent les abyſmes :
Les Prophetes ſur qui ſe fonde noſtre Foy,
Eblouïs dans le Ciel de tes clartez ſublimes,
Confeſſent qu'il n'eſt rien d'éclattant comme toy.

Te Martyrum candidatus, laudat exercitus.

Ces Martyrs dont le zele immenſe
Te ſacrifia tous leurs biens,
Et dont le ſang fut des Chreſtiens
Une chaſte & ſainte ſemence:
Ces incomparables Heros
Qui ſe rioient de tous les maux
Qu'il leur falloit ſouffrir pour étendre ta gloire:
Ces modeſtes vainqueurs tout comblez de lauriers,
Chantent que c'eſt ta main qui donne la victoire,
Et qu'on brave avec toy les feux & les aciers.

Te per orbem terrarum ſancta confitetur Eccleſia.

Cette Epouſe belle & publique
Qui porte ſon corps en tous lieux,
Et qui neantmoins à tes yeux
Eſt ſans tache & toute pudique:
Cette Mere dont les Enfans
Sortent de ſon ſein triomphans
De l'ennemy commun de la nature humaine;
L'Egliſe qui par tout a des ſoins immortels
D'honorer dignement ta Grandeur ſouveraine,
Immole chaque jour vn Dieu ſur tes Autels.

Patrem immenſæ majeſtatis. Venerandum tuum verum, & unicum Filium. Sanctum quoque Paraclitum Spiritum.

Elle adore en toy trois Perſonnes
Qui ne ſont entr'elles qu'un Dieu
Qui regne en tout temps, en tout lieu,
Et qui départit les Couronnes;
Un Pere au deſſus de tout prix,
Qui pour engendrer un ſeul Fils
A tous momens s'épuiſe, & jamais ne s'altere;
Un Verbe en tout égal à ce qui le produit;
Un Saint Eſprit qui joint ce Fils avec ce Pere,
Et qui dans nos combats nous aide & nous conduit.

Tu Rex gloriæ Christe.

Toy qui pour nous te fis la guerre,
Qui fus sans crime & penitent,
Qui fus miserable & content
Pendant que tu vivois en terre:
Homme qui pus seul icy bas
Appaiser Dieu par ton trépas,
Et voulus estre Prestre aussi-bien que Victime:
Christ par qui seul l'enfer pouvoit estre donté,
Et dont le Sang, enfin, a purgé nostre crime,
Qui peut jamais assez admirer ta bonté?

Tu ad liberandum suscepturus hominem, non horruisti Virginis uterum.

Tu reçois un souverain estre
Au sein de la Divinité,
Où tu vis dés l'eternité,
Et ne cesses jamais de naistre:
Ton Pere Saint & Tout-puissant,
Qui t'engendre en se connaissant
Te fait de ses Grandeurs l'auguste Caractere:
Cependant pour sauver la Nature aux abois,
Tu daignas dans le temps prendre en terre une Mere,
Naistre de ton ouvrage, & vivre sous ses loix.

Tu devicto mortis aculeo, aperuisti credentibus regna cælorum.

Ton corps tout rempli de miracles,
Et formé dans un chaste sein,
Fut l'effet de l'Esprit divin,
Qui peut tout faire sans obstacles:
Tu n'as rien dit, tu n'as rien fait
Que pour laver nostre forfait,
Et sur nos ennemis nous donner la victoire:
Ton mal nous acquit droit à la felicité;
Ta honte nous ouvrit le chemin de la gloire,
Et ta mort nous fit voye à l'immortalité.

Tu ad dexteram Dei sedes.

Mais si ta divine puissance
Parut morte dans le berceau;
Au contraire, dans le tombeau
Il semble qu'elle ait pris naissance;
T'estant toy-mesme, & sans effort,
Arraché des bras de la mort:
Ta gloire nompareille alors fut reconnuë;
Tu te levas tout seul de ton funebre lieu,
Et sur un Char pompeux que tu fis d'une nuë,
Tu montas triomphant à la droite de Dieu.

in gloria Patris.

Là dans des torrens de delices,
Qui réjouïssent tous les Cieux,
Tu plonges ton corps glorieux,
Que tu fis souffrir pour nos vices:
Ton Pere Eternel en ta main
Met tout son pouvoir souverain,
Et partage avec toy sa splendeur ineffable,
Il fait tout avec toy, sans luy tu ne fais rien,
Et l'amour qu'il te porte est au tien si semblable,
Qu'il fait tout ton bonheur, & tu fais tout le sien.

Iudex crederis esse venturus.

Quand un jour l'admirable face
Que nous voyons dans l'Univers
Par mille desordres divers,
Ne sera qu'une horrible masse;
Ta parole, de ce chaos,
Tirera la chair & les os
De tous ceux que la mort aura mis en poussiere:
Alors tous les humains convaincus de leurs faits,
Entendront de ta voix la Sentence derniere,
Qui doit perdre ou sauver un chacun pour jamais.

Te ergo quæsumus, famulis tuis subveni, quos pretioso sanguine redemisti.

Mais, ô Redempteur si propice,
Qui par tes divines langueurs
Nous as preservez des rigueurs
D'un inconcevable supplice:
Daigne en nous répandre ta paix,
Et ne permets pas desormais
Que tes carreaux vangeurs fondent dessus nos têtes:
Tu nous as rachetez de ton sang precieux;
Sois jaloux de ton bien, conserve tes conquêtes,
Preste-nous ton secours en tout temps, en tous lieux.

Salvum fac populum tuum Domine, & benedic hereditati tuæ. Et rege eos & extolle illos usque in æternum.

Du pecheur tu t'és fait l'image,
Afin que nous soyons des Saints
Accomply tes nobles desseins,
Acheve cet illustre ouvrage:
Pour nous faire un jour parvenir
A ce bien qui ne peut finir:
Fay nous incessamment cheminer dans tes voyes:
Comment nous pourrois-tu refuser ces faveurs?
Ne dois-tu pas nous faire heritiers de tes joyes,
Puisque tu nous as faits enfans de tes douleurs?

Nous

Per singulos dies benedicimus te. Et laudamus nomen tuum in sæculum, & in sæculum sæculi.

Nous imitons icy les Anges,
Qui te font sans cesse la cour;
Nous te reverons chaque jour,
Nous chantons sans fin tes loüanges,
Si nos efforts & nos ardeurs
N'honorent pas bien tes splendeurs:
Ne te ressouviens pas de ces sortes d'outrages,
Si nous manquons pour toy de respects assez hauts,
Et ne te rendons pas d'assez dignes hommages,
L'excés de tes grandeurs causent tous nos defauts.

Dignare Domine die isto, sine peccato nos custodire.

Source adorable de ces flâmes
Qui consacrent les passions
Qui font les belles actions,
Et qui sanctifient les ames:
Divin Jesus ne souffre pas
Qu'en ce jour aucun faux appas
Ebloüisse nos sens, & nous porte à le suivre:
De tous nos mouvemens sois sans cesse le Roy;
Et puisque c'est toy seul qui nous permets de vivre,
Ne nous accorde point de vivre que pour toy.

Miserere nostri Domine, miserere nostri.

Si nous avons pû te déplaire,
O Centre des plus doux attraits,
Ne nous accable pas des traits
Que tu lances dans ta colere:
Qu'écraserais-tu que des vers,
Quand pour tous nos crimes divers
Tu voudrois dessus nous faire tomber ta foudre?
Quelle gloire aurois-tu de voir tes bras armez,
Attaquer des roseaux, dissiper de la poudre,
Et combattre en un mot des neans animez?

Fiat misericordia tua Domine super nos, quemadmodum speravimus in te. In te Domine speravi, non confundar in æternum.

Seigneur, flatte nos esperances,
Arreste ta juste fureur;
Laisse agir ta grande douceur,
Et nous pardonne nos offenses:
Range nous à nostre devoir;
Fay nous faire ton saint vouloir:
Entre le monde & nous eternise la guerre:
Si nous sommes pecheurs, converty nous en Saints;
Tu n'en peux avoir trop au Ciel & sur la terre,
Pour loüer à jamais tes Attributs divins.

PARAPHRASE SVR LE CANTIQVE

Benedicite omnia opera Domini Domino. Daniel c. 3.

Dieu possede tant de perfections, & nous fait tant de graces, que ce n'est point assez de nous pour le loüer: ce sont là des veritez que nous devons reconnaistre: & dans ce sentiment il faut que nous exhortions toutes les creatures à le benir avec nous; comme firent autrefois les Enfans qui furent jettez dans la fournaise.

Benedicite omnia opera Domini Domino.

Vous, tous, qui n'aviez point autrefois d'existance,
Et qui dans le monde avez lieu;
Jeux, essais, chef-d'œuvres de Dieu;
Ouvrages differens de la Toute-puissance,
N'ayez point d'autres passions
Que de benir le Nom de ce souverain Estre,
Que vous devez tous reconnaistre
Pour l'adorable Auteur de vos perfections.

Benedicite Angeli Domini Domino.

Eſtres intelligents, ſubſtances ſans matiere,
Dieux créez, Celeſtes ardens,
Rayons emanez dans le temps
Du Soleil qui produit l'eternelle lumiere :
Anges beniſſez le Seigneur
Qui vous permet toûjours de vivre de luy-même,
Et qui par une grace extrême
Vous fait participer à ſon propre bon-heur.

benedicite cœli Domino.

Corps qui roulez ſans fin d'une égale meſure,
Et ſervez à l'homme de dais ;
Toicts d'azur de ce grand Palais
Où Dieu daigne loger ſa vivante figure ;
Cieux dans voſtre concert ſans bruit,
Que chacun peut entendre en tous les lieux du monde,
Loüez la Sageſſe profonde
Qui vous regle ſi bien & le jour & la nuit.

Benedicite aquæ omnes quæ ſuper cœlos ſunt Domino :

Mers qui ſans nous moüiller coulez deſſus nos têtes,
Fleuves doux & toûjours exemts
De la violence des vents
Qui ſur l'eau d'icy bas excitent les tempêtes,

Ondes plus hautes que les Cieux,
Loüez Dieu qui vous met au deſſus du tonnerre,
Qui venant à tomber en terre
Frappe ſans reſpecter ny perſonnes, ny lieux.

Benedicite omnes virtutes Domini Domino.

Vous des Eſtres groſſiers treſors inépuiſables,
Sources des immortalitez,
Imperceptibles qualitez
Qu'ont les individus pour former leurs ſemblables:
Vertus ſecrettes que vos voix
Beniſſent le Seigneur dont la magnificence
Vous a departi la puiſſance
De produire toûjours ce qu'il fit une fois.

Benedicite ſol

Bel œil, l'honneur des Cieux & l'amour de la terre,
Toy qui ſans couleurs peins les fleurs;
Corps froid d'où ſortent les chaleurs
Qui meuriſſent les fruits que le monde reſſerre:
Soleil dont les vives clartez
Dorent en ces bas lieux tout ce que tu vois ſombre,
Beny Dieu dont tu n'és que l'ombre,
Et fay par tout briller ſes ſuprémes beautez.

& luna Domino :

Lune qui ne parais que d'une triste sorte,
Funebre flambeau qui ne luis
Que dans l'obscurité des nuits ;
Et lors que la Nature est pour quelque temps morte,
Fay que l'Arbitre de ton sort
Soit icy bas loüé sans aucun intervalle;
Beny sa bonté sans égale,
Pendant que tout se tait, & que le monde dort.

benedicite stellæ cœli Domino.

Etoilles qu'on ne voit que quand l'Astre suprême
Cache avec luy tout à nos yeux ;
Points d'argent qui brodez les Cieux,
Diamans émaillez par les mains de Dieu même;
Admirez cet Esprit divin
Qui pour craistre vos feux vous enchasse dans l'ōbre;
Et puisqu'il vous crea sans nombre
Ne manquez pas aussi de le benir sans fin.

Benedicite omnis imber

Libres eaux qui tombez sans estre retenuës
Ny par digues, ny par canaux,
Verres distillez sans fourneaux,
Extraits de ces vapeurs qui montent dans les nuës:

Eſſences des exhalaiſons ;
Pluyes beniſſez Dieu , qui ſur nos ames baſſes
Fait ſans ceſſe pleuvoir ſes graces,
Bien que de nous punir il ait mille raiſons.

& ros Domino :

Goutes d'aſtres fondus , vernis dont l'éclat rare
Adjouſte du luſtre aux jardins :
Perles fines , qui les matins
Enrichiſſez l'habit dont la terre ſe pare :
Pleurs qui faites rire les prez :
Roſées beniſſez l'Auteur de tous les charmes,
Qui daigne accorder à nos larmes
Le don de réjoüir les Eſprits épurez.

benedicite omnes ſpiritus Domini Domino.

Et vous qui n'inſpirez que l'horreur & la guerre,
Eſprits mutins & ſans repos ,
Qui ſoulevez à tout propos
La mer contre le Ciel , & l'air contre la terre :
Vents dans tous vos deſſeins pervers
Beniſſez conſtamment l'Eſprit qui vous commande,
Et dont la puiſſance eſt ſi grande
Qu'il peut d'un ſouffle ſeul effacer l'Univers.

Benedicite ignis

Feu different de toy, feu fecond, feu sterile,
Feu qui nous sers en ces bas lieux,
Feu qui triomphes sous les Cieux,
Feu sans cesse agissant, feu sans cesse immobile:
Sois égal en ces deux estats,
A benir ardamment Dieu qui créa nostre ame
Telle qu'une immortelle flâme,
Qui demeure sans cesse inquiete icy bas.

& æstus Domino.

Et toy fidele amy de toute la Nature,
Qui par ta chaleur tous les ans
Ne manques jamais dans nos champs
D'aprester ce qu'il faut pour nostre nourriture;
Esté qui nous jaunis les blés,
Oblige-nous encor, beny ce Dieu propice
Qui nonobstant nostre malice
Te fait meurir les fruits dont nous sommes comblés.

benedicite frigus Domino.

Tyran de l'Univers, qui luy ravis ses charmes,
Hyver qui par un froid poison
Fais tout languir d'une façon
Que la terre en est triste, & le Ciel fond en larmes.

Nous oublirons tes cruautez,
Pourveu que tu ſois doux à celuy qui t'irrite
Et qui ſans contredit merite
Que tu ſois tout de feu pour benir ſes beautez.

Benedicite rores & pruina Domino :

Atomes clairs & mols que la nuë evapore,
Bruine qui tombes voltigeant,
Et t'ourdis en toile d'argent
Pour reveſtir les fleurs au lever de l'Aurore :
Brillante poudre de criſtal
Louë auſſi bien que nous, qui ne ſommes que cendre,
Dieu qui nous permet de pretendre
Au partage d'un bien qui n'a point ſon égal.

benedicite glacies

Mur luiſant & fondé ſur le coulant de l'onde,
Pont ſans art baſti ſur les eaux,
Naturelle anchre des bateaux :
Corps lumineux & frais que perd l'ame du monde,
Miroir dont l'éclat dure peu ;
Glace puiſque ton ſort eſt d'avoir un court eſtre
Beny ſans relaſche ton Maiſtre
Qui te tranſit de froid, bien qu'il ſoit tout de feu.

& nives Domino :

Laine qui viens du Ciel, & par l'air te devides,
Cheveux blancs de l'an qui vieillit,
Neige, fard de qui s'embellit
La terre défleurie, & couverte de rides:
Albatre molle, jour épais,
Beny ſincerement le Dieu de l'innocence
Qui peut rendre une conſcience,
Pour noire qu'elle ſoit, plus blanche que tu n'és.

benedicite noctes

Creſpe noir que chacun porte ſur ſon viſage
A la courte mort du Soleil;
Toy qui nous fais toucher à l'œil
Du monde aneanti l'épouventable image :
Triſte nuit avec tes horreurs,
Tu plairas à nos ſens, & nous ſembleras belle,
Si tu veux t'animer de zele
A benir du Seigneur les divines ſplendeurs.

& dies Domino.

Jour, commune beauté qui n'as point de figure,
Et qui livres tous tes appas
A chaque mortel d'icy bas,
Sans que pour eſtre à tous tu deviennes impure :

Du Seigneur admire les dons,
Et beny clairement sa bonté magnifique,
Qui sans cesse te communique
Aux bergers comm'aux Rois, aux méchans comm' aux bons.

Benedicite fulgura

Vray tison des enfers, promt & terrible foudre,
Dont les traits les moins violens
Atterrent soudain les gens,
Et font voir tout d'un coup les Colosses en poudre:
Tonnerre en qui le Ciel a mis
La force de tout perdre, & tout remplir d'alarmes,
Beny Dieu de l'heur de ses armes,
Qui le font triompher de tous ses ennemis.

& nubes Domino:

Vous qui tracez en l'air mille tapisseries
Où l'on voit de grotesques traits
Faire sans ordre des portraits
Dessus des fons d'azur, haussez de broderies:
Nuages sçachez de nos voix
Que vous ne ferez point de si belle figure
Qu'en benissant cette nature
Qui ne fait jamais rien qu'avec nombre, avec poids.

Benedicat terra Dominum : laudet & ſuper-exaltet eum in ſæcula.

Theatre general des choſes paſſageres,
Mere & nourrice de nos corps,
Depoſitaire des treſors
Que produit la chaleur du Pere des lumieres:
Terre que nous foulons aux piez,
Participe à l'honneur que poſſedent les Anges,
Entonne comm'eux les loüanges
Du Dieu qui voit ſous luy les Rois humiliez.

Benedicite montes

Montagnes qui ſemblez de vos ſuperbes têtes
Supporter la voute des Cieux,
Et qui d'un air audacieux
Aſſiegez les endroits où ſe font les tempêtes;
Vos excés ſeront ſans defaut,
Si d'une humble façon toutes de compagnie
Vous loüez la gloire infinie
De ce Seigneur ſi grand, qu'il n'eſt rien de plus haut.

& colles Domino:

Vous eſcaliers plus beaux que tous nos edifices,
Coſteaux ſi fleuris & couverts
De fruits & de feüillages verds,
Que l'abondance en vous regne avec les delices:

Charmans refuges de la paix,
Prairies reſervez pour le Ciel vos fleurettes,
Et telles que des caſſolettes
Exhalez vos ſenteurs au grand Dieu pour jamais.

Benedicite univerſa germinantia in terra Domino.

Herbes en quelque tems que vous preniez naiſſance
Dans nos champs, ou dans nos jardins,
Plantes qui ſervez aux humains
De poiſon, de remede & de réjouyſſance;
Que vos contraires qualitez
Ne vous empéchent pas de vous unir ſans ceſſe
Pour benir la grande Sageſſe
Qui vous a fait le don de vos proprietez.

Benedicite fontes Domino.

Mines de vives eaux, veines d'argent potable,
Meres qui voyez vos enfans
Au ſortir de vos chaſtes flancs,
Courir parmy les fleurs, & faire un bruit aimable;
Sources de fluide criſtal,
Fontaines beniſſez l'eternelle Origine
D'où coule la grace divine,
Qui ſçait oſter l'ardeur que l'homme a pour le mal.

Benedicite maria

Toy monſtre ſi farouche & ſi plein d'amertume
Que rien ne peut te rendre doux,
Que du vent te met en courroux,
Te fait mugir, t'emporte, & te blanchit d'écume;
Fier eſclave qui ſur ton dos
Ne portes qu'en grondãt les fardeaux qu'õ t'impoſe:
O mer jamais ne te repoſe
En loüant Dieu; qui ſeul peut arrêter tes flots.

& flumina Domino.

Vous humides chariots, qui pour nous eſtre utiles
Roulez par cent & cent détours;
Liquides ſerpens dont les tours
Obligent les citez & recréent les Iſles;
Rivieres, fleuves & ruiſſeaux,
Miroirs où le Soleil imprime ſon image,
Beniſſez en voſtre langage
Dieu qui pour tout former ſe mira dans les eaux.

Benedicite cete & omnia quæ moventur in aquis Domino:

Baleine qu'on prendroit pour un gouffre qui nage,
Navire animé ſous les flots,
Qui peux ſans l'art des matelots
Rendre l'homme vivant ſur le bord du rivage:

Et vous tous habitans des eaux ;
Puiſque pour benir Dieu vous manquez d'eloquence,
Dans un reſpectueux ſilence
Admirez ſes beautez qui n'ont aucun defaut.

benedicite omnes volucres cæli Domini Domino.

Beaux plumets qui contés des douceurs nompareilles,
Amans volages des foreſts ;
Oiſeaux dont les divers attraits
Ont dequoy réjoüir les yeux & les oreilles ;
Muſiciens delicieux
Qui n'entonnez jamais vos Airs que par nature,
Faites des concerts ſans meſure
Où ſoit beny le Nom du Monarque des Cieux.

Benedicite omnes beſtias & pecora Domino :

Terreſtres animaux, qui n'eſtes rien que fange,
Dont l'ame meurt avec le corps,
Et dont les aveugles efforts
Ne peuvent meriter ny blâme, ny loüange :
Beſtes de champs & de maiſon,
Bien que vous n'ayez pas comme nous l'avantage
D'avoir la prudence en partage,
Beniſſez Dieu pourtant, & vous aurez raiſon.

benedicite filij hominum Domino.

Chef-d'œuvre merveilleux en qui Dieu tient encloſes
Les plus loüables qualitez
Qu'il diſperſe de tous coſtez,
Pour t'élever au point d'eſtre ſeul toutes choſes:
Homme reconnais ces faveurs,
Et pour bien t'aquitter envers ton divin Maiſtre,
Beny-le comme fait tout eſtre,
Et ſans ceſſe rend luy toutes ſortes d'honneurs.

Benedicat Iſraël Dominum: laudet & ſuper-exaltet eum in ſæcula.

Toy peuple bien-heureux, que le Pere Celeſte
Honore de ſes doux regards,
Et qu'il defend de toutes parts
Contre tout ce qui peut t'arriver de funeſte:
Occupe toûjours tous tes ſoins
A montrer que ton ame eſt ſans ingratitude,
Et mets ſans ceſſe ton étude
A benir le Seigneur qui remplit tes beſoins.

Benedicite ſacerdotes Domini Domino:

Vous qui dans ces bas lieux tenez les ſaintes places,
Et qui pour les autres mortels
Approchez des ſacrez Autels
Pour rendre & demãder au Tout-puiſſant des graces;
Prêtres

Prêtres du Dieu de tous les Dieux,
Puisqu'icy vous avez l'honneur d'estre des Anges,
Du Seigneur chantez les loüanges
Comme ces Esprits purs qui regnent dans les Cieux.

benedicite servi Domini Domino.

Heureux Officiers, qui du souverain Estre
Avez soins des divins honneurs,
Incomparables Serviteurs
Qui regnez en servant vostre adorable Maistre:
Ministres du plus grand des Rois,
Esclaves dont les fers valent des Diadêmes,
Benissez les grandeurs suprêmes
Du Seigneur qui tient tout asservy sous ses Loix.

Benedicite spiritus & animæ justorum Domino:

Et vous cœurs genereux, qui prenez vos delices
A suivre les divines Loix,
Et qui pour plaire au Roy des Roys,
Renoncez aux appas dont se fardent les vices:
Belles Ames, justes Esprits,
Rendez justice à Dieu, benissez l'Estre auguste
Qui de tout estre est le plus juste,
Et qui de tous vos faits est le but & le prix.

benedicite sancti

Ames qui dans un corps sujet à pourriture,
Ne vous laissez soüiller jamais
A l'amour de ces faux attrais
Qu'on voit de toutes parts briller dans la Nature:
Mortels qui triomphez des sens,
Et qui menez en terre une Celeste vie;
Vous dont l'ame est en Dieu ravie,
Ayez pour le benir des transports innocens.

& humiles corde Domino.

Vous qui foulez aux pieds tous les hõneurs du mõde,
Et qui par vostre humilité
Semblez n'avoir rien merité,
Bien qu'en mille vertus vostre personne abonde:
Gens amoureux du dernier lieu,
Qui n'estes à vos yeux que cendre & que poussiere;
Que vostre ame saintement fiere
N'ait de l'ambition que pour exalter Dieu.

Benedicite Anania, Azaria, Misaël Domino: laudate & superexaltate eum in sæcula.

Enfans, qui loin d'avoir des sentimens frivoles,
Vous montrez si pieux & si forts,
Que par d'heroïques efforts
Vous aimez mieux mourir qu'encenser les Idoles:

Dans ce feu sur vous excité
Benissez le vray Dieu qui possede vos ames,
Et qui permet que dans les flâmes
Vous ne soyés brûlés que de la Charité.

Benedicamus Patrem & Filium cum sancto Spiritu : laudemus & superexaltemus eum in sæcula.

Nous autres benissons les trois saintes Personnes
Qui regnent dés l'Eternité
Dans l'inconcevable Unité
D'un seul & mesme Dieu qui forme les Couronnes:
Offrons des honneurs immortels
Au Pere sans principe, à son Fils adorable
Rendons une gloire semblable
A l'Esprit qui comm'eux merite des Autels.

Benedictus es Domine in firmamento cæli : & laudabilis & gloriosus, & superexaltatus in sæcula.

Auteur de l'Univers, Ouvrier des miracles
Que nous admirons en tous lieux,
Seigneur, qui gouvernes les Cieux,
Et sans cesse és beny dans les hauts Tabernacles,
Ton prix ne se peut concevoir,
Et tout le zele uny des hommes & des Anges
Ne sçaurait fournir les loüanges
Que ta Grandeur suprême a droit de recevoir.

DIEU EST PRIÉ D'ACCEPTER des loüanges pour tous les biens qu'il nous fait, & de nous donner la grace d'en bien user.

Seigneur, qui dans toy seul rencontres toutes choses,
Et dans toy-même te reposes;
Vray Dieu des consolations
Reçoy des benedictions
Pour tous les biens que tu m'accordes;
Mais fassent tes misericordes
Que j'use comm'il faut de tes biens temporels;
Sur tout fay qu'à ton gré je ménage ta grace,
Afin que dans le Ciel, te voyant face à face,
Je joüisse à jamais de tes biens eternels.

LES DEVOIRS DU CHRESTIEN, OU LES GRACES QUE LE Chrestien doit demander à Dieu.

PRIERES POUR DEMANDER DES GRACES A DIEU.

Dieu est invoqué pour le bien prier.

Domine exaudi orationem meam, & clamor mëus ad te veniat. Psal. 101.

ESTre infiny, qui dans tes mains
Tiens tout le bon-heur des humains,
Et d'un mot peux former mille & mille miracles:
Seigneur, sans qui jamais je ne puis estre heureux,
Daigne lever tous les obstacles
Qui t'empéchent d'entendre & d'accōplir mes vœux.

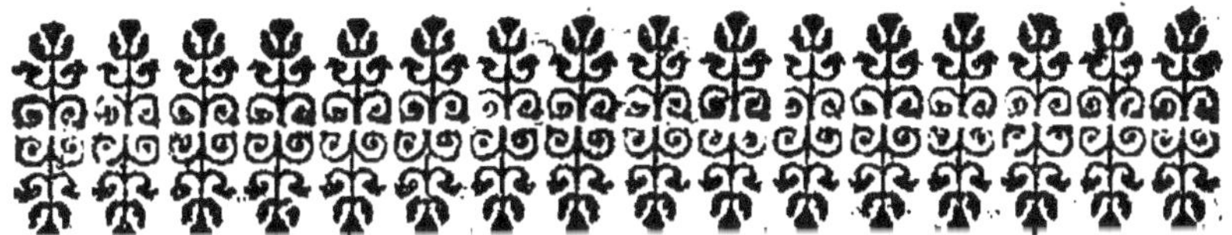

PARAPHRASE
SUR LE PSEAUME LXXXV.

Inclina Domine aurem tuam, & exaudi me.

Dans ce Pseaume l'homme demande tout ce qui peut le rendre heureux, sur la terre & dans le Ciel; Et pour ne pas manquer d'obtenir ce qu'il desire, il n'y a point d'honneurs qu'il ne rende à Dieu.

Inclina Domine aurem tuam, & exaudi me; quia inops & pauper sum ego.

IMmortelle cause des hommes,
Grand Arbitre de nostre sort,
Qui peux sans faire aucun effort
Nous tirer des maux où nous sommes;
Source de benedictions,
Seigneur, dans mes afflictions,
C'est toy que j'appelle à mon aide;
Entens-moy, répons à mes vœux;
Donne à mes ennuis du remede,
Et me rends enfin bien-heureux.

Custodi animam meam quoniam sanctus sum : salvum fac servum tuum Deus meus sperantem in te.

Grand Dieu qui connais mes miseres,
Peux-tu me refuser tes soins,
Et me priver dans mes besoins
Des biens qui me sont necessaires ?
C'est de tes amoureux efforts
Que je tiens mon ame & mon corps,
C'est de toy que j'ay receu l'estre,
Je veux suivre ta sainte loy,
Je te reconnais pour mon Maistre,
Et je n'ay de l'espoir qu'en toy.

Miserere mei quoniam ad te clamavi tota die : lætifica animam servi tui, quoniam ad te Domine animam meam levavi.

Preste-moy ta main charitable
Pour arrester tous mes desirs,
Effacer tous mes déplaisirs,
Et finir mon sort déplorable :
Réjoüis-moy de ces faveurs,
Accorde ces biens aux ferveurs
Où tu vois que je persevere :
Du moins, Seigneur, que ta bonté
Console un cœur qui te revere,
Et qui n'aime que ta beauté.

Quoniam tu Domine suavis & mitis, & multæ misericordiæ omnibus invocantibus te.

Comment aurais-je quelque crainte
De ne t'avoir pas pour appuy,
Lors que tout accablé d'ennuy
Ma bouche t'adresse sa plainte?
Est-il cœur plus doux que le tien?
Ton bras n'est-il pas le soutien
De ceux qui sont chargez de peine?
Et se forme-t'il quelques vœux
Que ta charité souveraine
N'oblige d'un succés heureux?

Auribus percipe orationem meam, & intende voci deprecationis meæ. In die tribulationis meæ clamavi ad te, quia exaudisti me.

Mais n'ais-je pas déja moy-même
Eprouvé ta benignité,
Quand j'ay dans mon adversité
Reclamé ton pouvoir suprême:
Entens donc, Seigneur, les accens
Que dans les maux que je ressens
Pousse mon ame languissante;
Et je me promets qu'aussi-tost
Ta main douce & toute puissante
Viendra me donner du repos.

Non est similis tui in diis Domine:

Quand quelqu'avanture nous choque,
Et que nous sentons des revers,
C'est toy, Pere de l'Univers
Qu'il faut que nostre cœur invoque:
Quel homme, quel Prince, quel Roy
Peut jamais estre égal à toy,
Soit en bonté, soit en puissance?
Aimer, c'est là ta passion;
Estre bon, c'est là ton Essence;
Donner, c'est là ton action.

& non est secundùm opera tua.

Un autre que toy sçait-il faire
Ce que toy seul peux achever,
Quand il te plaist nous relever,
Et dissiper nostre misere?
Ton pouvoir n'a rien de commun;
Dire & faire en toy, ce n'est qu'un:
Tout respecte ta voix feconde,
Et le moindre de tes desirs
Peut bannir tous les maux du monde,
Et les changer tous en plaisirs.

Omnes gentes quaſcumque feciſti venient, & adorabunt coram te Domine : & glorificabunt nomen tuum.

Seigneur, qui de rien fis la terre
Avec ſes divers ornemens,
Et qui de tous les elemens
Entretiens l'immortelle guerre:
Que ton amour eſt precieux!
Qu'il eſt digne que ſous les Cieux
Tout ſans ceſſe te glorifie!
Qu'il merite que nuit & iour
Chaque mortel te ſacrifie,
T'exalte & te faſſe la Cour.

Quoniam magnus es tu, & faciens mirabilia; tu es Deus ſolus.

Qu'on chante par tout tes loüanges,
Qu'on te rende par tout l'honneur
Qui t'eſt deû comme grand Seigneur
Des Rois, des demons & des Anges:
Qu'on exagere ton pouvoir,
Qui ſe meſure à ton vouloir,
Et ne trouve jamais d'obſtacles:
Et qu'on explique à qui mieux mieux
Que tu ſçais faire des miracles
Que ne font point les autres Dieux.

Deduc me Domine in via tua, & ingrediar in veritate tua : lætetur cor meum ut timeat nomen tuum.

Grand Maiſtre de tous les Monarques,
Seigneur par qui je vois le jour,
De ta force & de ton amour
Donne-moy de nouvelles marques :
Porte toûjours mes pas vers toy,
Fay-moy toûjours ſuivre ta Loy,
Sois toûjours l'objet de ma flâmne ;
Détourne de moy les chagrins,
Qui pourraient empécher mon ame
D'aimer tes attraits ſouverains.

Confitebor tibi Domine, Deus meus, in toto corde meo ; & glorificabo nomen tuum in æternum.

Mais, divin Auteur de la Grace,
Puis-je jamais, tout bien conté,
En rendre aſſez à ta bonté,
Quoy que je diſe & que je faſſe ?
Je veux ſans ceſſe te benir,
Et ſans ceſſe m'entretenir
Des dons de ta main liberale ;
Mais, apres tout, puis-je jamais
Te rendre une loüange égale
A tous les biens que tu me fais ?

Quia misericordia tua magna est super me, & eruisti animam meam, ex inferno inferiori.

C'est toy qui m'as donné mon estre,
Et qui sans cesse le soutiens ;
Seigneur, ce sont là de grands biens
Que je dois beaucoup reconnaistre :
Mais, bon Dieu, tu m'as bien plus fait,
Pour me purger de mon forfait
Tu t'és vêtu de ma nature,
Et par mille tourmens divers,
Que tu supportas sans murmure,
Tu m'as retiré des enfers.

Deus iniqui insurrexerunt super me : & synagoga potentium quæsierunt animam meam, & non proposuerunt te in conspectu suo.

Mais en me sauvant du tonnerre,
Qui m'allait damner à jamais,
Tu ne m'as pas sauvé des traits
Des ennemis que j'ay sur terre :
Mon Dieu qu'ils ont un méchant but,
Ils en veulent à mon salut,
Pour me perdre ils n'ont que des charmes;
Mais, Seigneur, quoy qu'ils soient puissans,
Ils n'auront que de foibles armes,
Si tu viens secourir mes sens.

Et tu Domine Deus miserator & misericors : patiens, & multæ misericordiæ, & verax.

O Dieu, pour nous plein de tendresses,
O Dieu patient, ô Dieu doux,
O Dieu fait homme icy pour nous;
O Dieu fidele en tes promesses;
Le monde, la chair, le demon,
Qui sont envieux de ton Nom,
Sont eux qui me livrent la guerre :
Voudrois-tu donc souffrir, Seigneur,
Que je fusse sujet en terre
Aux ennemis de ton honneur?

Respice in me & miserere mei : da imperium puero tuo.

Non, ne souffre pas cette injure,
Je ne dois suivre que ta Loy,
Puisque ta mort m'aquit à toy,
Et que je suis ta creature:
Supporte mes sens combattus,
Sur tous les tyrans des vertus
Fay moy remporter la victoire:
Traite-moy comme ton enfant,
Consacre-moy tout à ta gloire·
Rend-moy du peché triomphant.

& ſalvum fac filium ancillæ tuæ.

O Seigneur, mon Celeſte Pere,
O Dieu, qui permets qu'icy bas
Je ſois toûjours dans les combas
Avec ton Egliſe ma Mere:
Toy-meſme affermis mon deſſein
De vivre & mourir dans ſon ſein;
Donne que j'imite ſon zele,
Tiens toûjours mes ſens ſous ſa loy,
Fay moy ſi bien vaincre avec elle,
Qu'un jour je triomphe avec toy.

Fac mecum ſignum in bonum, ut videant qui oderunt me, & confundantur: quoniam tu Domine adjuviſti me, & conſolatus es me.

Grand Dieu, fay pour moy des miracles,
Fay m'en faire plutoſt, Seigneur;
De ta gloire & de mon bon-heur
Fay-moy briſer tous les obſtacles:
Dans toutes mes proſperitez,
Dans toutes mes adverſitez,
Ay la bonté de me conduire;
Confond ſi bien mes ennemis,
Qu'ils ſçachent que rien ne peut nuire
A quiconque eſt de tes amis.

PARAPHRASE SVR LA PRIERE

Pater noster.

Cette Priere, ordinairement appellée l'Oraison du Seigneur, & par Tertullien le racourcy de toute l'Evangile, est de toutes les Prieres la plus parfaite & la plus puissante. Comment pourroit-on en concevoir une meilleure, puisque ç'a esté Dieu mesme qui l'a composée, & qu'il n'y avoit que Dieu seul qui pouvait apprendre aux hommes comment il voulait estre prié? Et qui pourrait jamais en inventer une plus forte, puis qu'ayant esté formée de Dieu, animée de son Esprit, prononcée de sa bouche, elle a le privilege de monter dans le Ciel, & de recommander au Pere Eternel les vœux que son propre Fils a conceus?

Pater noster qui es in cœlis, sanctificetur nomen tuum.

CReateur tout-puissant des hommes & des Anges,
Nostre Pere, grand Dieu, qui regnes dans les Cieux;
Seigneur, à qui tout doit d'immortelles loüanges,
Que tout estre à jamais t'exalte à qui mieux mieux.

Adveniat regnum tuum.

Embraze tous les cœurs de tes Celestes flâmes,
Remply tout de respect pour ta divine Loy,
Et fay si bien regner ta grace sur nos ames,
Que nous ayons l'honneur de regner avec toy.

Fiat voluntas tua sicut in cœlo & in terra.

Que tout soit icy bas comme tu le souhaites,
Qu'à tout jamais en nous tes vœux soient accomplis,
Qu'en tous tẽps, en tous lieux tes volõtés soiẽt faites;
Qu'en tout, sur tout, par tout, tes ordres soient rẽplis.

Panem nostrum quotidianum da nobis hodie.

Apporte le remede à toutes nos miseres;
Remply tous nos besoins, & dedans & dehors:
Donne nous aujourd'huy tous les biens necessaires
Pour consacrer nostre ame, & nourir nostre corps.

Et dimitte nobis debita nostra sicut & nos dimittimus debitoribus nostris.

Fay paraistre sur nous tes bontez ineffables,
Ne songe point aux maux que nous avons commis;
Imite-nous, pardonne à tous nos sens coupables,
Comme nous pardonnons à tous nos ennemis.

Preste-

Et ne nos inducas in tentationem:

Soutiens-nous contre ceux qui nous livrẽt la guerre
Defens-nous de nos ſens, du monde & de l'enfer,
Fay que nous en ſoyons victorieux en terre,
Afin que dans le Ciel nous puiſſions triompher.

Sed libera nos à malo.

Garde-nous d'offenſer ta Majeſté ſuprême,
Garde-nous de pecher contre noſtre prochain;
Garde-nous de tomber dans ce mal-heur extrême
D'eſtre à jamais privez du bon-heur ſouverain.

PARAPHRASE SUR LES LITANIES DES SAINTS.

Kyrie eleison.

Dans ces Prieres de l'Eglise, qui comptennent en détail toutes les graces que l'on peut demander Chrestiennement: L'on invoque tous les Saints qui sont dans le Ciel; & l'on employe tout ce qui peut engager Dieu à faire le bien que l'on en souhaite.

Kyrie eleison. Christe eleison. Christe audi nos. Christe exaudi nos.

ADorable Seigneur de la Nature humaine,
Qui voulus par ta mort nous rendre bien-heureux;
Ouvre ton oreille à nos vœux,
Sois sensible à nos maux, vien-nous tirer de peine:
Quel autre que toy pririons-nous
De vouloir bien nous estre doux?
Quand à nostre bon-heur il manque quelque chose,
Nous croyons d'une ferme foy
Qu'il n'est point de vray bien dont tu ne sois la cause,
Et qu'il n'est rien, enfin, qui soit bon comme toy.

Pater de cœlis Deus, miserere nobis.

Toy qui ne tiens d'aucun ta nature suprême,
Et qui pour engendrer te connais seulement;
Toy qui conçois à tout moment,
Et n'as jamais qu'un Fils aussi grand que toy-même.
Estre saint qui fis tout de rien,
Divin Auteur de tout le bien,
Incomparable appuy de toute la Nature,
Ay pour nous des soins paternels;
Donne-nous ce qu'il faut pour nostre nourriture;
Mais sur tout fay nous part de tes biens eternels.

Fili Redemptor mundi Deus, miserere nobis.

Fils qui nais dans les Cieux, merveilleuse parole
Qui rendis autrefois le neant si fecond,
Que de cet abysme sans fond
Tu tiras tout d'un coup & l'un & l'autre Pole:
Seigneur, qui pour l'homme icy bas
Obscurcis tous les grands éclats
Dont eternellement ta Naissance est suivie:
Verbe divin qui t'és fait chair.
Et qui pour nous sauver voulus perdre la vie,
Conserve des mortels qui t'ont cousté si cher.

Spiritus ſancte Deus, miſerere nobis.

Lumiere des Docteurs, ardeur de chaqu'Apôtre,
Nœud par qui ſont unis ces deux divins Amans
Qui s'entrembraſſent de tout temps,
Et que rien ne ſçaurait ſeparer l'un de l'autre:
Doigt de Dieu qui pares les Cieux;
Source de ces Dons precieux
Qui forment les vertus, & conſacrent les ames:
Eſprit Saint, conduis-nous toûjours,
Embraze tous nos ſens de tes Celeſtes flâmes,
Et n'y ſouffre jamais de prophanes amours.

Sancta Trinitas unus Deus, miſerere nobis.

Soleil dont les clartez éblouïſſent les Anges,
Adorable ſujet de leurs étonnemens,
Saint écüeil de nos jugemens,
Abyſme de grandeurs, centre de nos loüanges:
Inconcevable Trinité,
Incomprehenſible Unité,
Pere, Fils, Saint Eſprit, qui n'eſtes qu'un même Eſtre,
Toy qui dans trois n'eſt qu'un ſeul Dieu,
Apprenés-nous par tout à vous bien reconnaiſtre,
Et fay-nous bien t'aimer en tout temps, en tout lieu.

Sancta Maria, ora pro nobis.

Miracle de la Grace, amour de la Nature,
Ouvrage tout remply de Celestes tresors,
Chef-d'œuvre des Divins efforts:
Beau Palais des vertus, auguste Creature,
Sainte Fille que le Tres-haut
Exempta mesme du defaut
Qui nous rend criminels dans le sein de nos meres:
Reine de la Terre & des Cieux,
Marie, agy pour nous dans toutes nos miseres,
Devant celuy qui regne en tout temps, en tous lieux.

Sancta Dei Genitrix, ora pro nobis.

D'un soit fait Dieu crea le Ciel, la Terre & l'Onde;
Mais dans ta voix, Marie, est-il moins de vertu?
D'un soit fait aussi que fais-tu?
Tu fais naistre icy bas l'Auteur même du monde:
Mere du Roy de tous les Rois
Pousse ton admirable voix,
Pour rendre à tout jamais nos ames satisfaites:
Pour nous faire heureux tu suffis,
Tu peux avoir de Dieu tout ce que tu souhaites,
Une Mere peut tout sur le cœur de son Fils,

Sancta Virgo Virginum, ora pro nobis.

Obtiens pour tes devots une pleine victoire
Sur tout ce qui s'efforce à corrompre leurs ſens,
Fay-les tôûjours vivre innocens,
Cette grande faveur augmentera ta gloire:
Car puiſque le vray Dieu ton Fils
Ne ſe plaiſt que parmy les lys;
Que ton Epoux eſt Vierge auſſi bien que ton Pere;
Puiſqu'enfin pour comble d'honneurs
Tu ne ceſſas jamais d'eſtre pure eſtant Mere,
Ne dois-tu pas avoir de chaſtes Serviteurs?

Omnes ſancti Angeli & Archangeli, orate pro nobis.

Vous qui n'eſtes jamais que clartez & que flâmes,
Miniſtres glorieux des Celeſtes fureurs;
Eſtres purs, Eſprits ſans erreurs,
A qui Dieu donne en garde & nos corps & nos ames:
Anges qui poſſedez l'honneur
De ne vivre que du Seigneur,
Et de voir clairement ſes beautez adorables,
Priés ſes divines bontés
De nous vouloir par tout eſtre ſi favorables,
Qu'un jour nous ayons part à vos felicités.

Omnes sancti beatorum Spirituum ordines, orate pro nobis.

Immortelle Assemblée, heureuse Compagnie,
Ornemens de la Cour du Roy de tous les Rois;
Qui pleins de respect pour ses Loix
Servés diversement sa Grandeur infinie :
Trônes, Puissances, Cherubins,
Dominations, Seraphins,
Principautés, Vertus, Celestes Hierarchies,
Vueillés supplier humblement
Ce Dieu qui tient sous luy toutes les Monarchies,
De nous donner dequoy l'honorer dignement.

Omnes sancti Patriarchæ, orate pro nobis.

Sources d'un sang si beau, que le Fils de Dieu même
S'en est voulu former un corps tout plein d'attraits,
Qu'il a livré luy-même aux traits,
Que nous meritions tous de la rigueur suprême:
Illustres Ancestres du Christ,
Grands Patriarches, qui d'esprit
Durant l'ancienne Loy gardâtes la nouvelle;
Faites-nous vivre en bons Chrêtiens,
Obtenés-nous un cœur qui soit toûjours fidelle,
Et n'aspire jamais qu'aux veritables biens.

Omnes sancti Prophetæ, orate pro nobis.

Vous qui priſtes l'eſſor au delà des étoilles ;
Aigles ſaints dont l'eſprit, laiſſant tous ces bas lieux,
S'éleva juſques dans les Cieux,
Et des plus hauts ſecrets penetra tous les voiles :
Truchemens de l'Eſprit divin,
Docteurs de tout le genre humain,
Hommes qui du vray Dieu predîtes les miracles,
Prophetes de la verité,
Priés le grand Auteur de vos ſacrés Oracles,
Qu'il ſe revele à nous durant l'eternité.

Omnes sancti Apostoli, orate pro nobis.

Meſſagers obligeans, qui par toute la terre
Allâtes annoncer le ſalut des humains ;
Fameux vainqueurs des Souverains,
Organes animés du Maiſtre du tonnerre,
Amis d'un Dieu ſacrifié ;
Pauvres qui d'un crucifié
Sceuſtes faire en tous lieux adorer les maximes :
Apôtres, que voſtre credit
Nous faſſe profiter de vos leçons ſublimes,
Et pratiquer par tout les Loix de JESUS-CHRIST.

Omnes ſancti Evangeliſtæ, orate pro nobis.

Celebres Ecrivains de la ſainte Evangile,
Hiſtoriens ſacrés des miracles divers
Que fit le Roy de l'Univers,
Depuis qu'il s'incarna dans le ſein d'une fille :
Secretaires de l'Homme-Dieu,
Qui voyés précher en tout lieu
Ce qu'ont tracé vos mains de cét aimable Maiſtre:
Peintres dont le divin Pinceau
Donne encor aujourd'huy Iesus-Christ à cõnaiſtre,
De ſes vertus en nous achevés le tableau.

Omnes ſancti Diſcipuli Domini, orate pro nobis.

Courtiſans bien-heureux du Monarque ſuprême
Pendant que ſur la terre il vivait comme nous;
Ecoliers dociles & doux,
Qui prîtes des leçons de la Sageſſe même :
Témoins des ſaintes actions
Que le Maiſtre des Nations,
Fit pour nous garantir de la derniere perte ;
Obtenés-nous le don ſi cher
De voir à tout jamais la face découverte
De ce Dieu qu'icy bas vous viſtes ſous la chair.

Omnes ſancti Innocentes, orate pro nobis.

Objets d'une fureur qui fut plus qu'homicide,
Victimes de l'orgueil d'un Tyran ſans égal,
Qui prenant Dieu pour ſon rival
Vous fit tous égorger pour faire un Deïcide:
Enfans qui ſouffriſtes la mort,
Qu'Herodes d'un brutal effort
Voulut faire endurer à l'Auteur de la vie:
Dans ces triomphes raviſſans
Dont Dieu veut qu'à jamais voſtre mort ſoit ſuivie,
Obtenés-nous le bien de mourir innocens.

Omnes ſancti Martyres, orate pro nobis.

Et vous rares Soldats, qui benîtes les armes
Que prirent les Tyrans pour vous faire mourir;
Qui vous plûtes tant à ſouffrir,
Que dans les plus grands maux vous trouvâtes des charmes:
Martyrs, dont icy le bon-heur
Fut d'expirer pour le Seigneur,
Et dont la ſainte mort en Chrêtiens fut feconde,
Faites qu'en tout temps, en tout lieu
Nous perdiõs tous les biens que nous avons au mõde,
Plutoſt que le reſpect que nous devons à Dieu.

Omnes sancti Doctores, orate pro nobis.

Vous qui du Tout-puissant compristes les miracles,
Et qui sceustes montrer les hautes verités
Que cachent les obscurités
Dont ce divin Esprit entoure ses Oracles;
Flambeau de la Maison de Dieu,
Qui fistes voir dans ce Saint lieu
Comment nous devons tous purger nos consciences;
Humbles Sçavans, Docteurs discrets,
Qui joüissez au Ciel du vray Dieu des Sciences,
Faites-le nous un jour contempler comm'il est.

Omnes sancti Pontifices, orate pro nobis.

Vous autres, qui choisis parmy les autres hommes,
Pour dispenser le sang du Nouveau Testament,
Menageâtes fidelement
Les tresors dont le Ciel vous fit les œconomes;
Conducteurs du sacré Troupeau,
Qui le repûtes de l'Agneau
Dont la mort volontaire expia nos offenses:
Dignes Pasteurs, qui de vos soins
Possedés pour jamais les hautes recompenses,
Qu'il vous plaise veiller à remplir nos besoins.

Omnes sancti Confessores, orate pro nobis.

Fideles qui brûlans d'une Celeste flâme,
A la face du Monde, & malgré tous ses fards,
Marchâtes sous les Etendars
D'un Dieu qui des tourmens souffrit le plus infame:
Gens qui prouvâtes vostre foy
En exerçant toute la Loy
Qui nous porte à cherir ceux qui nous font la guerre:
Vrais Sectateurs de JESUS-CHRIST,
Qui le voyés regner au dessus du tonnerre,
Priés-le qu'en tout temps nous ayons son Esprit.

Omnes sancti Sacerdotes, orate pro nobis.

Hommes qui sous les Cieux fûtes plus que les Anges,
Et dont l'autorité passa celle des Rois;
Hommes dont Dieu suivit la voix
Depuis qu'il vous choisit pour chanter ses loüanges:
Prêtres qui fistes dans vos mains
Renaistre l'Auteur des humains
Pour l'immoler encor à l'honneur de son Pere;
Puisque vostre sort bien-heureux
Vous exempte à present d'operer ce mystere,
Du moins pour nostre bien daignés former des vœux.

Omnes ſancti Levitæ, orate pro nobis.

Illuſtres Serviteurs de ce grand Sacrifice
Qui s'acheve icy bas en tout temps, en tout lieu,
Et dont la victime eſt un Dieu
Qui s'immole pour rendre à Dieu même juſtice:
Interpretes de JESUS-CHRIST,
Qui publiâtes ſon Eſprit;
Fideles Intendans des biens de ſon Egliſe,
Miniſtres ſaints que le Tres-haut
Couronne en ſon Palais, & qu'il immortaliſe,
Faites-nous en tout temps ſervir Dieu comm'il faut.

Omnes ſancti Monachi, orate pro nobis.

Amans de la Beauté qui n'a point ſon égale,
Qui jurâtes à Dieu ſur ſes ſacrés Autels
Que pour ſes attraits immortels
Vous renonciés à tout ce que le monde étale:
Solitaires qui vifs & morts
Fuſtes des Anges ſous des corps;
Qui menâtes en terre une Celeſte vie,
Dans ce ſejour delicieux
Où pour jamais Dieu même eſt voſtre Compagnie,
Faites-nous converſer avec vous dans les Cieux.

Omnes sancti Eremitæ, orate pro nobis.

Vous qui pour plaire en terre au Dieu de l'innocence
Exerçâtes sur vous la rigueur des enfers;
Et dans de steriles deserts
Produisistes des fruits dignes de penitence:
Anachoretes qui jadis
Vistes l'ombre du Paradis
Dans vos obscuritez, vos jeusnes & vos veilles;
Faites-nous fuïr les vains attraits,
Et ne penser jamais qu'aux Celestes merveilles
Dõt Dieu vous fait goûter les douceurs à lõgs traits.

Omnes sanctæ Virgines, orate pro nobis.

Epouses de JESUS, qui sous un corps de fange,
Au lieu de rechercher les sensibles plaisirs
N'eustes que de chastes desirs,
Et fustes icy bas comm'y serait un Ange:
Vierges dans les embrassemens
Du plus beau de tous les Amans,
Daignés luy demander qu'il nous soit favorable;
Vous ne ferés rien contre vous:
Car quoy que vostre Amant soit le tout desirable,
Il se peut partager sans faire de jalous.

Omnes ſanctæ Viduæ, orate pro nobis.

Et vous dont la vertu ſi feconde en trophées
Sceut vaincre les aſſauts des molles paſſions,
Repouſſer leurs illuſions,
Et mettre aux pieds de Dieu leurs ardeurs étouffées;
Femmes qui par un bel orgueil,
Voyant vos maris au cercueil,
Ne priſtes plus que Dieu pour l'objet de vos flâmes:
Veuves priés ce chaſte Epoux,
Qui des plus doux plaiſirs comble vos ſaintes Ames,
Qu'il nous aime & jamais ne s'éloigne de nous.

Omnes Sancti & Sanctæ Dei, intercedite pro nobis.

Vous tous dont l'on ne peut exagerer le nombre,
Saints & Saintes de Dieu, qui regnés dans les Cieux,
Et dans ce ſejour glorieux
Contéplés du Seigneur tous les charmes ſans ombre:
Ames libres de tous nos maux,
Qui de vos loüables travaux
Dans des torrens de biens vous voyez délaſſées,
Priez le plus ſaint des Eſprits
Qu'il nous faſſe imiter vos actions paſſées,
Et qu'un jour dans le Ciel nous en ayons le prix.

Propitius esto, parce nobis Domine. Propitius esto, exaudi nos Domine.

Roy de tout l'Univers, Seigneur, sois nous propice,
Ne fay pas éclater ta colere sur nous,
Et pour nous sauver de tes coups
Ferme, nous t'en prions, l'oreille à ta Justice;
Aussi-bien, grand Dieu de la paix,
Fussions nous tout noirs de forfaits,
Ton cœur à nous punir pourrait-il se resoudre?
Ton bras, sur quelqu'un des humains,
Peut-il jamais lancer son invincible foudre,
Sans perdre en mesme temps l'ouvrage de tes mains?

Ab omni malo, libera nos Domine.

Tu fais ce que tu veux au Ciel & sur la terre;
Tu fais par tout regner ton pouvoir souverain,
Tu tiens nostre sort dans ta main;
Tu produis où tu veux & la paix & la guerre;
Ne nous fais point souffrir de mal,
De peur que ton ordre fatal
Ne devienne pour nous un sujet de murmure:
Ou bien, s'il te plaist, ô Seigneur,
Que nostre corps patisse, & que nostre ame endure,
Fay que tous nos tourmens causent nostre bonheur.
O Dieu,

Ab omni peccato libera nos Domine.

O Dieu, que la Nature à jamais ne nous brave,
Range cette insolente à son juste devoir,
Abas son indigne pouvoir ;
Fay par tout qu'à ta Grace elle serve en esclave :
Gouverne tous nos mouvemens,
Regle tous nos attachemens,
Ne nous laisse jamais achever aucun crime ;
Et puisque tes perfections
Meritent tous nos vœux, & toute nostre estime,
Consacre à ton honneur toutes nos passions.

Ab ira tua libera nos Domine.

Tu peux bien contre nous exciter tes tempêtes,
Pour n'avoir point porté de respect à ta Loy ;
Mais pour ton honneur, ô grand Roy,
Tu ne dois pas songer à foudroyer nos têtes ;
Quand poussé d'un juste courroux
Tu nous accablerais de coups,
Quel éclat aurais-tu d'une telle victoire ?
Compare nostre sort au tien,
Et voy si pour ton bras c'est une digne gloire
De confondre la cendre & triompher du rien.

A subitanea & improvisa morte libera nos Domine.

Fay nous plutost sentir l'excés de ta clemence,
Et de tous nos pechez, soit publics, soit secrets,
Verse en nous de justes regrets,
Et nous donne le temps d'en faire penitence:
Assure nous contre la mort
Qui par son invincible effort
Ravit l'homme à la terre, & l'enleve à luy-même:
Acheve en nous un saint trépas,
Charme si bien nos cœurs de ta beauté suprême,
Qu'à present nous mourions à tous les vains appas.

Ab insidiis diaboli libera nos Domine.

Tu sçais que le demon est jaloux de ta gloire,
Que par tout il se sert de trompeuses douceurs,
Afin de te ravir nos cœurs,
Et d'usurper en nous une injuste victoire:
Mais Seigneur, qui d'un seul clin d'œil
Peux détruire tout son orgueil,
Dissiper ses secrets, & perdre ses amorces:
Confond ce tyran des humains,
Et nous arme en tout temps de clartez & de forces
Pour connaistre & donter tous ses mauvais desseins.

A spiritu fornicationis, libera nos Domine.

Il s'efforce sur tout de nous remplir d'ordures,
Sçachant que les cœurs purs ont pour toy des attrais,
Et que dans ton divin Palais
Ta Majesté n'y peut supporter de soüillures :
Mais, ô Seigneur, ne permés pas
Qu'il se serve des faux appas
Pour allumer en nous des ardeurs insensées :
Retiens-nous toûjours sous ta Loy,
Et pour banir de nous jusqu'aux sales pensees
Fay que nous ne soyons qu'un esprit avec toy.

Ab ira, & odio, & omni mala voluntate libera nos Domine.

Pour nous sauver, Seigneur, que tu te fus severe,
Tu voulus dans ton sang éteindre ton courroux,
Tu voulus porter tous les coups
Que l'homme meritait de ta juste colere;
Tu n'as que des desseins de paix,
Et nonobstant tous nos forfais
Tu nous combles toûjours de biens & d'indulgences:
Fay nous un cœur comme le tien,
Qui n'ait que de l'amour, qui renonce aux vēgeances,
Et ne rende jamais pour le mal que du bien.

A fulgure & tempestate libera nos Domine.

Tu vois sous toy, grand Dieu, le vent & le tonnerre,
Qui sont prest de servir tes divines fureurs;
Ne prens pourtant pas leurs rigueurs
Pour ravager les biens que nous produit la terre:
Preserve-nous de ces revers,
Quoy que nos desordres divers
T'obligent de t'armer mesme contre nos têtes;
Regle plutost nos passions,
Fay que leurs mouvemens ne soient pas des tempêtes
Qui gâtent devant toy toutes nos actions.

A morte perpetua libera nos Domine.

Si tu veux, ô Seigneur, nous punir de nos crimes,
N'attends pas, s'il te plaist, à ce terrible jour
Où l'on te verra sans amour
De ton juste courroux ouvrir tous les abysmes,
Dés maintenant étens ton bras
Coupe, brûle, dépoüille, abas,
Mets nous en tel estat que voudra ta colere,
Pourveu que ce rigoureux sort
Te puisse dans le temps tellement satisfaire,
Qu'il nous delivre enfin de l'eternelle mort.

Per mysterium sanctæ Incarnationis tuæ. Per adventum tuum. Per baptismum & sanctum jejunium tuum. Per crucem & passionem tuam.

Nous sommes tous, Seigneur, indignes de ta grace,
N'estant nez & conceus que dans l'iniquité,
Et n'ayant jamais merité
Que d'estre pour jamais éloignez de ta face;
Nous nous attendons neantmoins
Que ta bonté dans nos besoins
Daignera nous prester ton secours salutaire;
Car, grand Dieu, nous le demandons
Par tous ces hauts efforts que l'amour te fit faire,
Pour racheter le monde; & le combler de dons.

Per mortem & sepulturam tuam. Per admirabilem Ascensionem tuam. Per adventum Spiritus sancti Paracliti, libera nos Domine.

Pour nostre bien tu viens dans le sein d'une femme,
Tu t'y formes en homme, & tu nais en mortel,
Tu te laves en criminel,
Tu vis en penitent, & tu meurs en infame:
Tu ressuscites glorieux,
Tu montes triomphant aux Cieux:
Enfin tu fais venir ton saint Esprit en terre:
Par tant d'adorables travaux,
Qui de nous & de toy terminerent la guerre,
Fay nous part à jamais de ton divin repos.

In die Iudicij libera nos Domine.

Tu dois faire justice à tous tant que nous sommes,
Tu dois recompenser & le bien & le mal,
Tu dois par un decret fatal
Regler pour tout jamais le sort de tous les hommes:
Afin que ce terrible Arrest
Ne nous expose pas aux traits
Que ta main doit lancer dans tes rigueurs extrêmes,
Vange toy par un art nouveau,
Donne nous ton pouvoir, & fay que de nous-mêmes
Nous soyons les témoins, le juge & le bourreau.

Peccatores, te rogamus audi nos. Vt nobis parcas. Vt nobis indulgeas, te rogamus audi nos.

Nous l'avoüons, Seigneur, nous sommes si coupables,
Que pour bien expier tous nos actes pervers
Il faudroit que tous les enfers
Nous fissent ressentir leurs feux insupportables:
Mais, bon Dieu, retiens ton courroux,
Laisse agir ta pitié pour nous,
Laisse là s'oposer à tes hautes vengeances;
Grand Dieu, n'est-ce pas ton honneur
De paraistre en ce temps le Dieu des indulgences
Pour ceux qui comme nous reclament ta douceur.

Vt ad veram pœnitentiam nos perducere digneris, te rogamus audi nos.

Pour bien vanger, Seigneur, tes adorables charmes,
Fay nous voir tous nos maux & publics & cachez;
Fay nous detester ces pechez,
Et pour punir nos sens presente nous des armes;
Fay que pour tous ces vains attraits,
Qui nous ont blessés de leurs traits,
Nous n'ayons plus jamais ny d'amour ny d'idées:
Fay que de ta seule grandeur
Nos ames soient toûjours tellement possedées,
Que pour toy seulement nous ayons de l'ardeur.

Vt Ecclesiam tuam sanctam regere & conservare digneris, te rogamus audi nos.

Ay soin, Seigneur, ay soin de ton Eglise en terre,
Comble de tes faveurs l'Epouse de ton CHRIST;
Anime-la de ton Esprit,
Conduis-la dans sa paix, soutiens-la dans sa guerre:
Tu dois bien l'assister grand Dieu,
C'est elle qui dans ce bas lieu
Ne fait que te servir & chanter tes loüanges:
C'est elle qui garde ta Loy,
C'est elle qui te rend plus d'honneur que les Anges,
En t'immolant un homme en tout égal à toy.

Vt domnum Apostolicum, & omnes Ecclesiasticos ordines in tua sancta religione conservare digneris, te rogamus audi nos.

Pour l'honneur de l'Eglise & sainte & Catholique,
Daigne justifier ses Sacrificateurs;
Vueille illuminer ses Docteurs,
Et remplir ses Prelats d'un zele Apostolique:
Donne que pour ses interests
Tous ses suposts soient toûjours prests
De faire toute chose, & souffrir le martyre:
Fay que toute leur passion
Soit d'établir par tout ta gloire & ton Empire,
Et d'accraistre l'éclat de la Religion.

Vt inimicos sanctæ Ecclesiæ humiliare digneris, te rogamus audi nos.

Toy-mesme de l'Eglise augmente la puissance,
Toy-mesme abas l'orgueil de tous ses ennemis;
Fay que d'un cœur humble & soumis
Ils viennent luy promettre honneur, obeïssance:
Inspire à tous ces Esprits vains
D'executer tous ses desseins:
Seigneur tu le dois faire, il y va de ta gloire;
Car si chacun suivoit sa Loy,
Et si tous les mortels la vouloient toûjours croire,
Tout le monde jamais n'adorerait que toy.

Vt Regibus & Principibus Christianis pacem, & veram concordiam donare digneris, te rogamus audi nos.

Puisque tu peux changer les Bergers en Monarques,
Et jetter dans les fers ceux qui donnent des loix;
Puisque tu peux tout sur les Rois,
De ton pouvoir, grãd Dieu, daigne dõner des marques,
Accorde tous ces Potentats
Que tu rends Maistres des Estats,
Et sujets neantmoins comme nous à l'Eglise;
Fay regner en eux ton Esprit,
Fay qu'ils n'ayent jamais guerre, combat, ny prise,
Que pour faire par tout triompher JESUS-CHRIST.

Vt cuncto populo Christiano pacem & unitatem largiri digneris, te rogamus audi nos.

Seigneur, qui pour unir le Ciel avec la terre,
Daignas sous de la chair te mettre à nostre rang,
Et voulus de ton propre sang
Effacer le sujet qui causait nostre guerre:
Dieu de charité, Dieu de paix,
Qui combles mesme de bien-faits
Ceux qui ne t'aiment point, & qui te font injure;
Fay nous t'imiter chaque jour,
Et comme trois en toy ne sont qu'un par nature,
Fay que tous les Chrêtiens ne soient qu'un par amour.

Vt nosmetipsos in tuo sancto servitio confortare & conservare digneris, te rogamus audi nos.

C'est toy qu'il faut servir, ô Beauté sans égale,
Les Captifs que tu fais sont grands comme des Rois,
Et le bien d'accomplir tes Loix
Vaut mieux que tous les biens que l'Univers étale:
La chair, le monde & les enfers
Veulent nous charger de leurs fers;
Mais grand Dieu sauve nous de ces indignes chaînes;
Possede si bien nostre cœur
Qu'il ne serve jamais toutes les choses vaines,
Et n'ait toûjours que toy pour Maistre & pour vainqueur.

Vt mentes nostras ad cœlestia desideria erigas, te rogamus audi nos.

Que peut, Seigneur, que peut nous presenter la terre
Qui puisse pleinement satisfaire nos sens;
Ses biens, ses plaisirs, ses encens
Sont-ils plus que du vent, qu'un songe, que du verre?
Tout n'est rien, tout passe icy bas,
Et l'objet le plus plein d'apas
Ne sçauroit mettre fin à nostre inquietude:
En toy seul sont tous les attraits,
Qui peuvent consommer nostre beatitude,
Sois dõc tout seul, grãd Dieu, l'objet de nos souhaits.

Vt omnibus benefactoribus nostris sempiterna bona retribuas, te rogamus audi nos.

Recompense tous ceux qui viennent à nostre aide,
Qui nous prétent leurs biés, leurs cõseils & leurs soins,
Qui nous tirent de nos besoins,
Et de nos maux divers nous offrent le remede :
Sur ces charitables humains
Verse tes dons à pleines mains ;
Assiste-les toûjours, soit en paix, soit en guerre,
Donne-leur un sort precieux ;
Donne-leur dans le temps ta grace sur la terre,
Et dans l'Eternité ta gloire dans les Cieux.

Vt animas nostras fratrum, propinquorum, & benefactorum nostrorum, ab æterna damnatione eripias, te rogamus audi nos.

Sauve-nous, nos amis, nos parens, & nos freres;
Garde-nous de tomber dans ce gouffre de maux
Qui ne souffre point de repos,
Et qui sans cesse est plein d'horreurs & de miseres:
O Seigneur, qui mourus pour nous,
Ne nous charge pas de ces coups,
Qui des malins esprits achevent le martyre :
Ah! donne-nous un meilleur sort,
Afin que ces demons ne puissent jamais dire
Qu'un Dieu pour nous sauver en vain souffrit la mort.

Vt fructus terræ dare, & conservare digneris, te rogamus audi nos.

Toy, Seigneur, qui produis le foin sur les montagnes,
Et cette herbe qui sert à nourrir les humains,
Beny les travaux de leurs mains,
Et remply de thresors le sein de leurs campagnes
Pour meurir les fruits & les fleurs
Fait tomber ce qu'il faut de pleurs ;
Donne ordre à ton Soleil de moderer ses flâmes;
Mais regle si bien nos effors
Que nous n'employons pas à corrompre nos ames
Ce qui n'est destiné qu'à conserver nos corps.

Vt omnibus fidelibus defunctis requiem æternam donare digneris, te rogamus audi nos.

Tire, Seigneur, du fond de tes brûlans abysmes
Tous ceux que la rigueur de tes hauts Jugemens
Y détient captifs quelque tems
Pour se purifier du reste de leurs crimes,
Si pour les mettre en ton repos
Tu veux qu'ils soient tous sans defauts,
Tu peux sans les brûler nettoyer leurs soüillures;
Rien ne s'oppose à ton vouloir ;
Souhaite seulement que ces ames soient pures,
Et toutes aussi-tost sont dignes de te voir.

Vt nos exaudire digneris, te rogamus audi nos.

Si tes bontez, Seigneur, ne nous ſont ſecourables
Juſqu'au point de te rendre attentif à nos vœux,
Nous perdons l'eſpoir d'eſtre heureux,
Il faut qu'à tout jamais nous ſoyons miſerables :
Ecoute-nous donc, voy nos maux,
Et pour nous donner du repos
De ta miſericorde excite les entrailles :
Voudrois-tu bien laiſſer perir
Ton peuple, tes enfans, tes ſerviteurs, tes oüailles,
Ceux, apres tout, pour qui l'amour t'a fait mourir.

Fili Dei, te rogamus audi nos.

Toy qui du Tout-puiſſant es le vray caractere,
Fils en tout auſſi grand que ton Pere Eternel ;
Bon Dieu, qui parus criminel
Pour éloigner de nous la Celeſte colere :
Verbe, qui de l'homme pecheur
Te rends le grand interceſſeur,
Daigne employer pour nous ta divine eloquence:
Ainſi nous ſerons bien-heureux,
Puiſque pour toy le Ciel a tant de reverence,
Qu'il ne manque jamais d'exaucer tous tes vœux.

Agnus Dei qui tollis peccata mundi, Parce nobis Domine. Agnus Dei qui tollis peccata mundi, Exaudi nos Domine. Agnus Dei qui tollis peccata mundi, Miserere nobis.

Agneau dont la vertu n'eut jamais de seconde;
Agneau qui fus toûjours les delices de Dieu;
Agneau que l'on mange en tout lieu;
Agneau qui remedie aux plus grands maux du mõde:
Agneau tout pur, Agneau tout doux,
Agneau sacrifié pour nous;
Agneau qui par ton sang as purgé la Nature;
Agneau qui n'est que charité,
Homme-Dieu, bon Pasteur, adorable pâture,
Fay nous vivre de toy durant l'Eternité.

Kyrie eleison. Christe eleison. Christe audi nos. Christe exaudi nos.

Adorable Seigneur de la Nature humaine,
Qui voulus par ta mort nous rendre bien-heureux,
Grand Dieu daigne écouter nos vœux,
Sois sensible à nos maux, vien nous tirer de peine:
Quel autre que toy pririons nous
De vouloir bien nous estre doux
Lors qu'à nostre bon-heur il manque quelque chose?
Nous croyons d'une ferme foy
Qu'il n'est point de vray bien dõt tu ne sois la cause,
Et qu'il n'est rien, enfin, qui soit bon comme toy.

A IESVS-CHRIST, DANS LE TRES-SAINT SACREMENT DE L'AVTEL,

RONDEAV.

SVr les Autels, ô Dieu de charité,
Tu te fais voir dans la ſimplicité
D'une victime offerte à ta colere:
Quoy eſt-ce là, Seigneur, le caractere
De ta puiſſance, & de ta dignité?
Non; c'eſt l'effet de ta benignité,
Qui pour guerir noſtre malignité
Nous fait preſent de ton Corps ſalutaire
Sur les Autels.
Donne, bon Dieu, que dans l'Eternité
Je puiſſe voir ſans nulle obſcurité
Ce que je croy de ce ſacré Myſtere
Où maintenant humblement je revere
Ton Corps, ton Ame & ta Divinité
Sur les Autels.

A LA VIERGE

SONNET.

Vierge que l'Esprit saint daigna rendre feconde,
Tu reçus du Tres-haut tant de divins thresors
Que je ne peux jamais, avec tous mes efforts,
Expliquer dignement ta grandeur sans seconde.

Tu vis naistre de toy le Createur du monde,
Qui Tout-puissant qu'il est, ne peut faire au dehors
Des miracles plus grands que ton Ame & ton Corps,
Où des Celestes dons la plenitude abonde.

O Mere que j'adore, entends mes humbles vœux,
Dissipe tous mes maux, sauve moy, tu le peux;
Il n'est rien dans le Ciel qu'en tout tems tu ne fasses:

Car qui peut jamais mieux dans cet auguste lieu
Obtenir des faveurs & recevoir des graces,
Que la Fille, l'Epouse, & la Mere de Dieu?

AVX

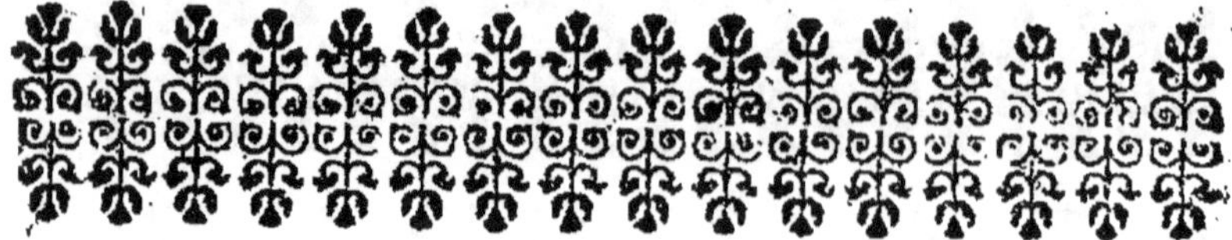

AUX SAINTS DONT L'ON FAIT LA FESTE DANS TOUTE L'EGLISE.

GRands Saints dont l'on celebre icy bas la memoire,
Pendant que vous brillez des rayons de la gloire,
Et que dans un torrent d'ineffables plaisirs
Dieu que vous contemplés remplit tous vos desirs:
Que vos vertus au Ciel si bien recompensées,
Soient en terre aujourd'huy comm'il faut encensées:
Mais faites, s'il vous plaist, qu'il ne me manque rien,
Afin de vivre heureux, & comme un vray Chrêtien,
Apres tout contentez ma principale envie :
Faites qu'ayant suivy vos exemples passez
Je benisse avec vous dans l'eternelle vie
Celuy qu'on ne sçauroit jamais loüer assez.

DIEU EST PRIÉ POUR LE ROY.

TOy qui vois tout soûmis à tes ordres suprêmes,
Createur, Maistre, Pere, & Juge des humains,
Qui tiens le cœur des Rois dans tes fatales mains,
Qui brises, qui soûtiens, & fais les Diadêmes :
Seigneur, protege nostre Roy ;
Fay que tous ses Sujets executent sa Loy ;
Sur tous ses ennemis donne luy la victoire :
Rend-le si grand & si saint en ces lieux,
Qu'ayant icy regné plein d'éclat & de gloire,
Il regne avec toy dans les Cieux.

FIN.

www.ingramcontent.com/pod-product-compliance
Lightning Source LLC
LaVergne TN
LVHW020355230826
846091LV00003B/1113

* 9 7 8 2 0 1 2 8 5 2 0 8 2 *